okul - ishuri	2
seyahat - urugendo	5
ulaşım - gutwara abantu n'ibintu	8
şehir - umugi	10
arazi - umurambi	14
restoran - resitora	17
süpermarket - amangazini manini	20
içecekler - ibinyobwa	22
yemek - ibiribwa	23
çiftlik - ifamu	27
ev - inzu	31
oturma odası - icyumba cy'uruganiriro	33
mutfak - igikoni	35
banyo - ubwogero	38
çocuk odası - icyumba cy'abana	42
kıyafet - imyambaro	44
ofis - ibiro	49
ekonomi - ubukungu	51
meslekler - imirimo	53
aletler - ibikoresho	56
müzik enstrümanı - ibyuma by'umuziki	57
hayvanat bahçesi - zoo	59
sporlar - Imikino	62
etkinlikler - ibikorwa	63
aile - umuryango	67
vücut - umubiri	68
hastane - ibitaro	72
acil - mu ndembe	76
dünya - Isi	77
saat - isaha	79
hafta - icyumweru	80
yıl - umwaka	81
şekiller - amaforoma	83
renkler - amabara	84
zıt anlamlılar - ibinyuranye	85
sayılar - imibare	88
diller - indimi	90
kim / ne / nasıl - nde / iki / gute	91
nerede - hehe	92

Impressum
Verlag: BABADADA GmbH, Nedderfeld 112 , 22529 Hamburg
Geschäftsführer / Verlagsleitung: Harald Hof
Druck: Books on Demand GmbH, In de Tarpen 42, 22848 Norderstedt

Imprint
Publisher: BABADADA GmbH, Nedderfeld 112 , 22529 Hamburg, Germany
Managing Director / Publishing direction: Harald Hof
Print: Books on Demand GmbH, In de Tarpen 42, 22848 Norderstedt

böl
kugabanya

186/2

tahta
ikibaho

sınıf
icyumba k'ishuri

okul bahçesi
ikibuga cyo gukiniramo

öğretmen
umwarimu

kağıt
urupapuro

yazmak
kwandika

kalem
ikaramu

masa
ameza yo kwandikiraho

cetvel
iregere

kitap
igitabo

öğrenci
abanyeshuri bo mu mashuri abanza

okul çantası

agahago k'ishuri

kalemlik

agasanduku k'amakaramu
y'igiti

kurşun kalem

ikaramu y'igiti

kalem açacağı

tayekereyo

silgi

igome

çizim defteri

ikayi yo gushushanya

çizim

igishushanyo

resim fırçası

uburoso bwo gusigisha

boya kutusu

agasanduku k'amarangi y'amabara

makas

umukasi

tutkal

kore

alıştırma kitabı

ikayi y'imyitozo

ödev

umukoro w'imuhira

sayı

umubare

2+2

ekle

guteranya

çıkar

gukuramo

2×2

çarp

gukuba

hesapla

kubara

harf

ibaruwa

ABCDEFG HIJKLMN OPQRSTU VWXYZ

alfabe

inyuguti uko zikurikirana

kelime

ijambo

metin

umwandiko

okumak

gusoma

tebeşir

ingwa

ders

isomo

kayıt

igitabo cyo
kwiyandikishamo

sınav

ikizami

sertifika

impamyabumenyi

okul forması

umwambaro w'ishuri

eğitim

uburezi

ansiklopedi

inkoranyamagambo

üniversite

kaminuza

mikroskop

mikorosikope

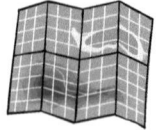

harita

ikarita

kağıt çöp kutusu

pubere

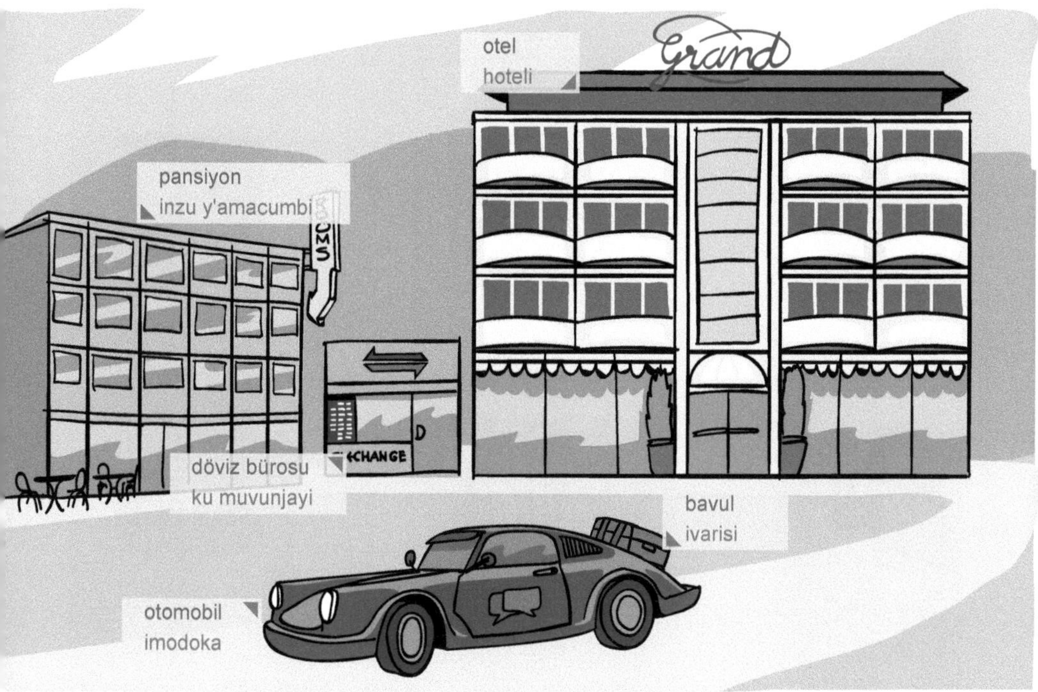

otel
hoteli
Grand
pansiyon
inzu y'amacumbi
döviz bürosu
ku muvunjayi
bavul
ivarisi
otomobil
imodoka

dil
ururimi

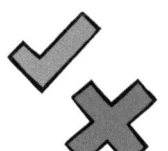

evet / hayır
yego / oya

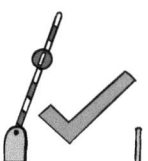

Tamam
Yego

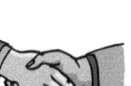

merhaba
bite

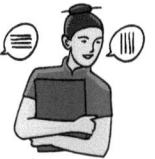

çevirmen
umusemuzi

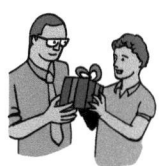

Teşekkür ederim
Murakoze

bu ... ne kadar?

ni angahe...?

anlamadım

Sinsobanukiwe

problem

ikibazo

İyi akşamlar!

wiriwe!

Günaydın!

Waramutse

İyi geceler!

Ijoro ryiza

güle güle

bayi

yön

ikerekezo

bagaj

imizigo

çanta

igikapo

sırt çantası

igikapo baheka

misafir

umushyitsi

oda

icyumba

uyku tulumu

agafuko baryamamo

çadır

ihema

turist danışma

amakuru y'ahasurwa na ba mukerarugendo

sahil

ku musenyi wo ku mazi

kredi kartı

ikarita ya banki

kahvaltı

ifunguro ryo gusamura

öğle yemeği

ifunguro rya ku manywa

akşam yemeği

ifunguro rya nimugoroba

Bilet

itike

asansör

asanseri

pul

itembure

sınır

umupaka

gümrük

gasutamo

elçilik

ambasade

vize

viza

pasaport

pasiporo

gutwara abantu n'ibintu

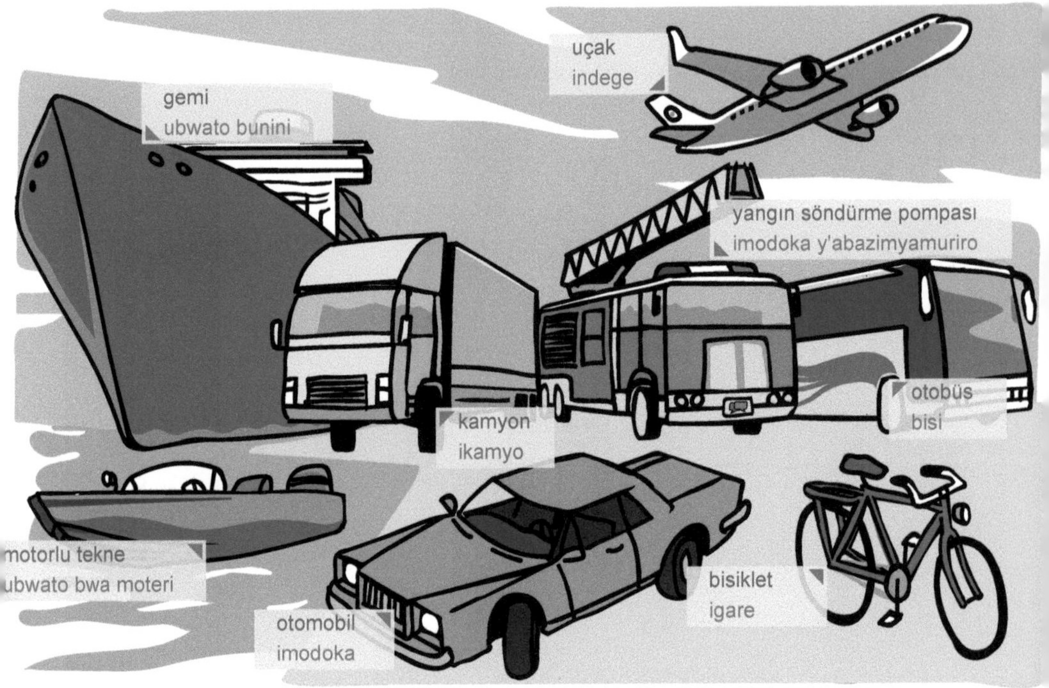

gemi
ubwato bunini
uçak
indege
yangın söndürme pompası
imodoka y'abazimyamuriro
kamyon
ikamyo
otobüs
bisi
motorlu tekne
ubwato bwa moteri
otomobil
imodoka
bisiklet
igare

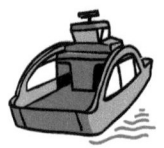

feribot

ubwato bwambutsa imizigo n'abantu

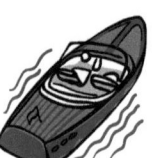

bot

ubwato

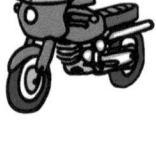

motosiklet

ipikipiki

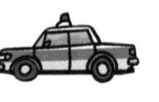

polis arabası

imodoka ya polisi

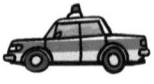

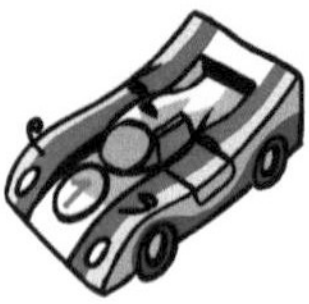

yarış arabası

imodoka ya kuruse

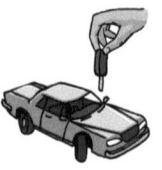

kiralık araba

imodoka ikodeshwa

ortak araba

gusangira imodoka

çekici

imodoka iterura izindi

çöp kamyonu

imodoka iyora imyanda

motor

moteri

yakıt

lisansi

benzinlik

sitasiyo ya lisansi

trafik işareti

icyapa kiyobora imodoka

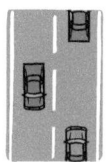

trafik

urujya n'uruza rw'imodoka

trafik sıkışıklığı

ambuteyaje

otopark

parikingi y'imodoka

tren istasyonu

gare ya gariyamoshi

ray

inzira ya gariyamoshi

tren

gariyamoshi

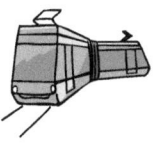

tramvay

bisi ikoresha
amashanyarazi

vagon

agatete k'imizigo gakururwa
n'imodoka

helikopter

kajugujugu

havaalanı

ikibuga k'indege

kule

umunara

yolcu

umugenzi

konteyner

konteneri

koli

ikarito

yük arabası

akagorofani ko mu iduka

sepet

agaseke

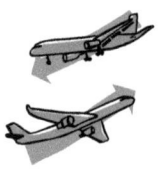

kalkış / iniş

kuguruka / kururuka

umugi

köy

umudugudu

şehir merkezi

mu mujyi rwagati

ev

inzu

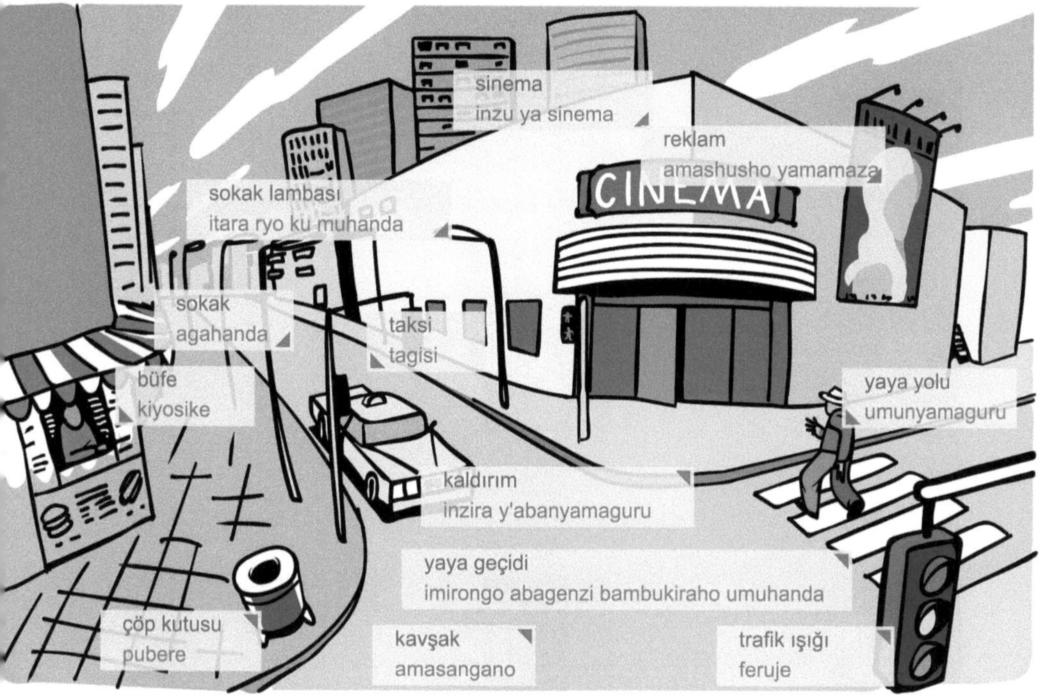

sinema
inzu ya sinema

reklam
amashusho yamamaza

sokak lambası
itara ryo ku muhanda

CINEMA

sokak
agahanda

taksi
tagisi

büfe
kiyosike

yaya yolu
umunyamaguru

kaldırım
inzira y'abanyamaguru

yaya geçidi
imirongo abagenzi bambukiraho umuhanda

çöp kutusu
pubere

kavşak
amasangano

trafik ışığı
feruje

kulübe

akaruri

apartman dairesi

inzu ifatanye n'izindi

tren istasyonu

gare ya gariyamoshi

belediye binası

ibiro bya meya

müze

inzu ndangamurage

okul

ishuri

üniversite

kaminuza

banka

banki

hastane

ibitaro

otel

hoteli

eczane

farumasi

ofis

ibiro

kitapçı

inzu bagurishirizamo ibitabo

mağaza

iduka

çiçekçi

umucuruzi w'indabo

süpermarket

amangazini manini

market

isoko

büyük mağaza

idepo

balık satıcısı

umucuruzi w'amafi

alışveriş merkezi

iduka rinini

liman

icyambu

park

parike

bank

intebe y'urubaho

köprü

iteme

merdiven

amadarajya

metro

inzira yo munsi y'ubutaka

tünel

umuhanda wo munsi y'ubutaka

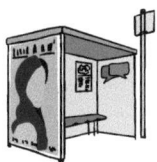

otobüs durağı

icyapa cya bisi

bar

bare

restoran

resitora

posta kutusu

agasanduku k'amabaruwa

sokak tabelası

icyapa cyo ku muhanda

otopark sayacı

mubazi ya parikingi

hayvanat bahçesi

zoo

yüzme havuzu

pisine

cami

umusigiti

çiftlik
ifamu

kirlilik
kwangiza umwuka

mezarlık
irimbi

kilise
ikiriziya

oyun alanı
ikibuga k'imikino

tapınak
urusengero

umurambi

yaprak
ikibabi

yön tabelası
icyapa kiyobora

yol
inzira

çayır
umukenke

taş
ibuye

yürüyüşçü
umuntu utembera mu misozi

ağa[c]
igiti

ırmak
umugezi

çimen
ibyatsi

çiçek
indabo

vadi

ikibaya

tepe

agasozi

göl

ikiyaga

orman

ishyamba

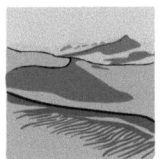

çöl

ubutayu

volkan

ikirunga

kale

ingoro

gökkuşağı

umukororombya

mantar

icyobo

palmiye

ikigazi

sivrisinek

umubu

sinek

isazi

karınca

intozi

arı

uruyuki

örümcek

igitagangurirwa

böcek

ikivumvuri

kurbağa

igikeri

sincap

inkima

kirpi

imbuni

yabani tavşan

urukwavu

baykuş

igihunyira

kuş

inyoni

kuğu

igishuhe

yaban domuzu

isatura

geyik

ingeragere

geyik

impongo

baraj

urugomero

rüzgar türbini

igipanga kikaraga kikazana
umuyaga

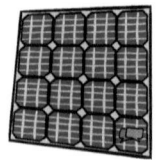

güneş paneli

urubaho rukurura imirasire

iklim

ikirere

garson
umuseriveri

menü
ibiryo byateguwe

sandalye
intebe

çorba
isupu

pizza
piza

çatal - bıçak
ibikoresho byo kumeza

masa örtüsü
igitambaro cyo gutegura ku meza

başlangıç
aperitifu

ana yemek
isahani nkuru

tatlı
deseri

içecekler
ibinyobwa

yemek
ibiribwa

şişe
icupa

fastfood

ibiryo barya bagenda

sokak yemeği

ibiryo byo kumuhanda

çaydanlık

ibirika y'icyayi

şekerlik

agakombe k'isukari

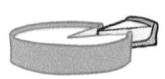

porsiyon

isahani y'ibiryo

espresso makinesi

imashini y'ikawa ya esipereso

mama sandalyesi

intebe ndende

fatura

inyemezabuguzi

tepsi

ipurato

bıçak

icyuma

çatal

ikanya

kaşık

ikiyiko

çay kaşığı

akayiko k'icyayi

servis peçetesi

seriviyete

bardak

ikirahure cyo kunywesha

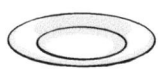

tabak

isahani

çorba kasesi

isahani y'isupu

fincan altlığı

agasutasi

sos

isosi

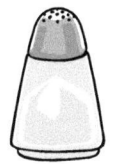

tuzluk

agacupa k'umunyu

karabiber değirmeni

agasekuru k'urusenda

sirke

vinegere

yağ

amavuta

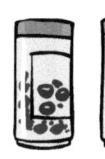

baharat

ibirunge

ketçap

kecapu

hardal

mutaride

mayonez

mayonezi

amangazini manini

özel teklif
igiciro kidasanzwe

müşteri
umukiriya

süt ürünleri
ibiva mu mata

meyve
imbuto

alışveriş arabası
akagorofani ko mu iduka

kasap
busheri

fırın
buranjeri

tartmak
gupima ibiro

sebze
imboga

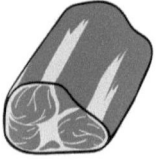

et
inyama

donmuş gıda
ibiryo bakonjesheje

süpermarket - amangazini manini

söğüş et

inyama zikonje

konserve yiyecek

ibiryo byo mu makopo

toz deterjan

isabune y'ifu

şekerlemeler

bombo

ev temizlik ürünleri

ibikoresho byo mu rugo

temizlik ürünleri

imiti isukura

satış görevlisi

umucuruzikazi

yazar kasa

kukesa

kasiyer

umubitsi

alışveriş listesi

urutonde rwo guhaha

açılış saatleri

amasaha haba hafunguye

cüzdan

ipotomoni

kredi kartı

ikarita ya banki

çanta

umufuka

plastik poşet

imifuko ya pulasitike

su
....
amazi

meyve suyu
....
umutobe

süt
....
amata

kola
....
koka

şarap
....
divayi

bira
....
byeri

alkol
....
inzoga

kakao
....
shokora ishyushye

çay
....
icyayi

kahve
....
ikawa

espresso
....
ikawa ya esipereso

kapuçino
....
kapucino

muz

umuneke

elma

pome

portakal

icunga

kavun

wotameloni

limon

indimu

havuç

karoti

sarımsak

tungurusumu

bambu

umugano

soğan

urutunguru

mantar

icyoba

çerez

ubunyobwa

makarna

amakaroni

spagetti

spageti

pirinç

umuceri

salata

salade

cips

udufiriti

patates kızartması

ibirayi by'ifiriti

pizza

piza

hamburger

hamburugeri

sandviç

sanduwici

şinitzel

escalope

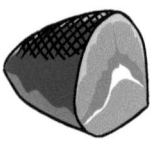

pastırma

jambo

salam

salami

sosis

sosiso

tavuk

inkoko

rosto

kotsa

balık

ifi

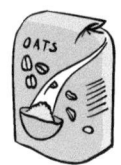

yulaf ezmesi

igikoma cy'uburo

müsli

pisitashi

mısır gevreği

impeke

un

ifu

kruvasan

kuruwasa

küçük ekmek

amandazi

ekmek

umugati

tost

umugati wumishijwe

bisküvi

ibisuguti

tereyağı

amavuta

kaymak

forumaje year

kek

keke

yumurta

igi

sahanda yumurta

umureti

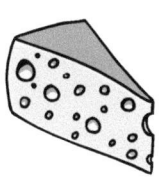

peynir

forumaje

dondurma

ayisikirimu

şeker

isukari

bal

ubuki

reçel

konfitire

fındık ezmesi

shokora

köri

kiri

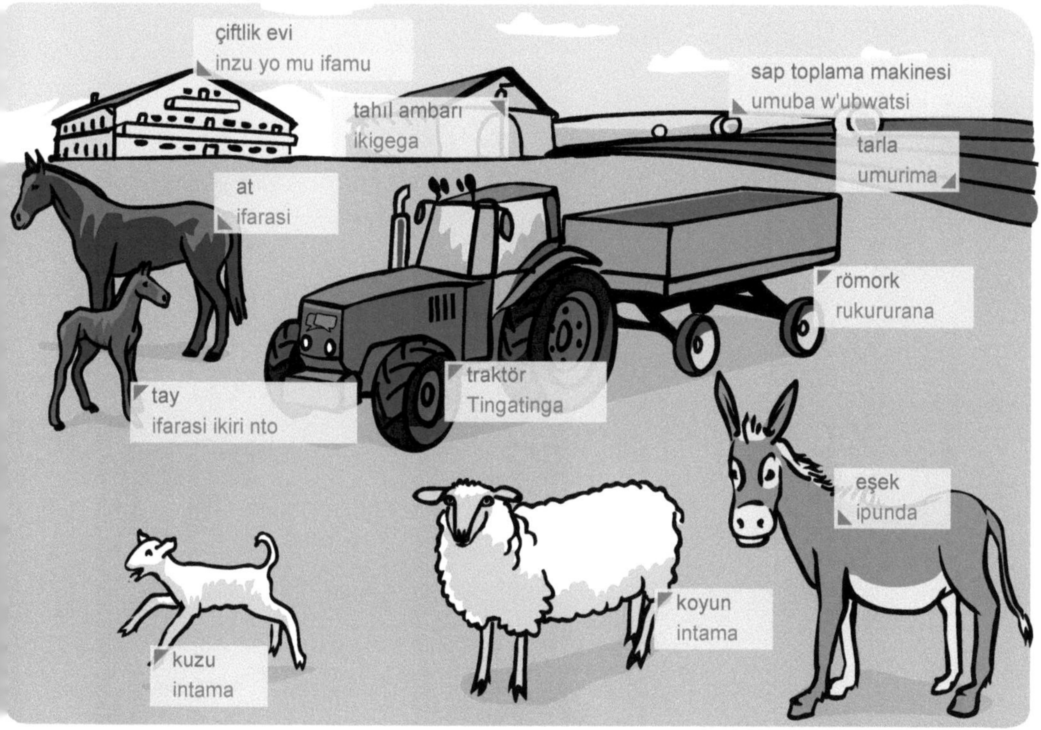

çiftlik evi
inzu yo mu ifamu

tahıl ambarı
ikigega

sap toplama makinesi
umuba w'ubwatsi

tarla
umurima

at
ifarasi

römork
rukururana

tay
ifarasi ikiri nto

traktör
Tingatinga

eşek
ipunda

kuzu
intama

koyun
intama

keçi
ihene

inek
inka

buzağı
umutavu

domuz
ingurube

domuz yavrusu
ikibwana k'ingurube

boğa
ikimasa

kaz

igishuhe

ördek

imbata

civciv

umushwi

tavuk

inkokokazi

horoz

isake

sıçan

imbeba

kedi

injangwe

fare

imbeba

öküz

ikimasa

köpek

imbwa

köpek kulübesi

ikiruka

bahçe hortumu

itiyo ijyana mu karima

sulama kabı

arozuwari

tırpan

najuru

pulluk

imashini ihinga

çiftlik - ifamu

orak
najuru

çapa
isuka

dirgen
rato

balta
ishoka

el arabası
ingorofani

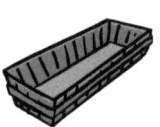

yemlik
ikibumbiro

süt kovası
inkongoro

çuval
igunira

çit
urugo

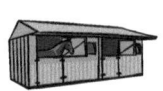

ahır
ikiraro

sera
inzu ihingwamo

toprak
ubutaka

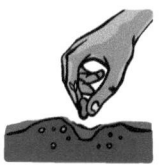

tohum
imbuto zo gutera

gübre
ifumbire

biçerdöver
imashini isarura

hasat etmek

gusarura

harman

umusaruro

tatlı patates

ibikoro

buğday

ingano

soya

soya

patates

ikirayi

mısır

ikigori

kolza

umwayi weze

meyve ağacı

igiti k'imbuto

manyok

umwumbati

hububat

impeke

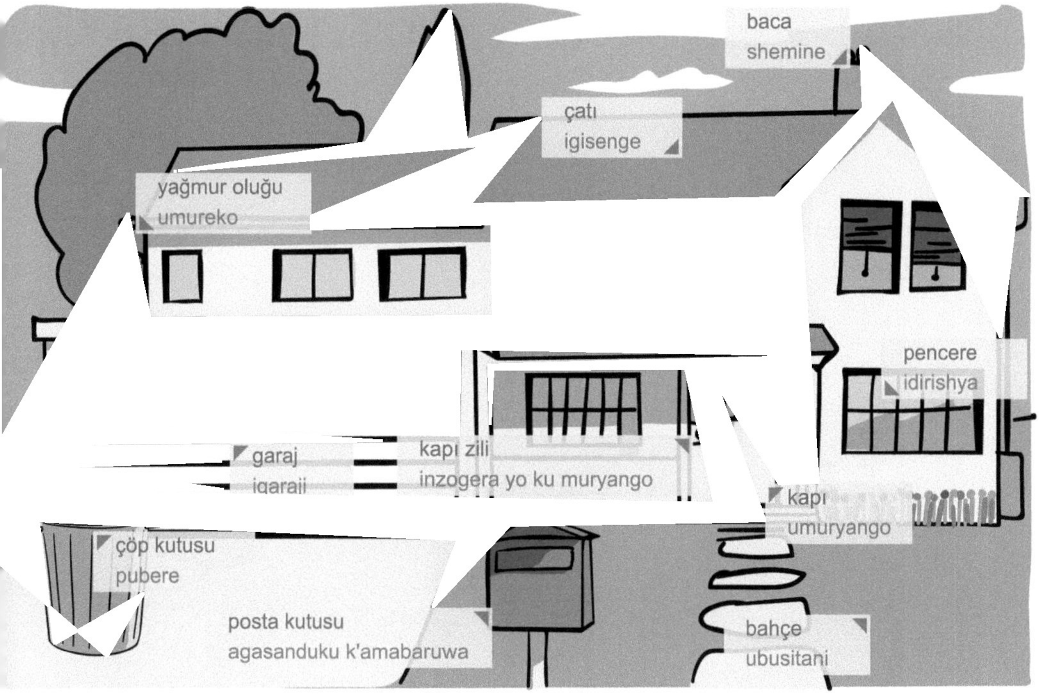

baca
shemine

çatı
igisenge

yağmur oluğu
umureko

pencere
idirishya

garaj
igaraji

kapı zili
inzogera yo ku muryango

kapı
umuryango

çöp kutusu
pubere

posta kutusu
agasanduku k'amabaruwa

bahçe
ubusitani

oturma odası

icyumba cy'uruganiriro

banyo

ubwogero

mutfak

igikoni

yatak odası

icyumba cyo kuraramo

çocuk odası

icyumba cy'abana

yemek odası

uburiro

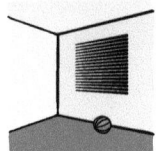

zemin
hasi

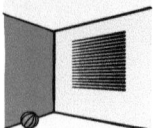

duvar
urukuta

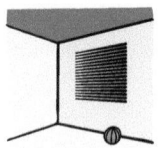

tavan
purafo

kiler
kave

sauna
sawuna

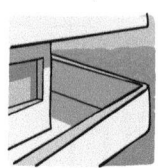

balkon
urubaraza

teras
ku rubaraza

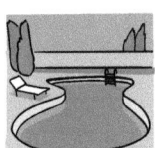

havuz
pisine

çim biçme makinesi
imashini ikupakupa

çarşaf
umwenda utwikira

yatak örtüsü
kuvureri

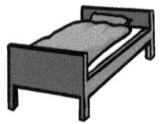

yatak
igitanda

süpürge
umweyo

kova
indobo

anahtar
enteributeri

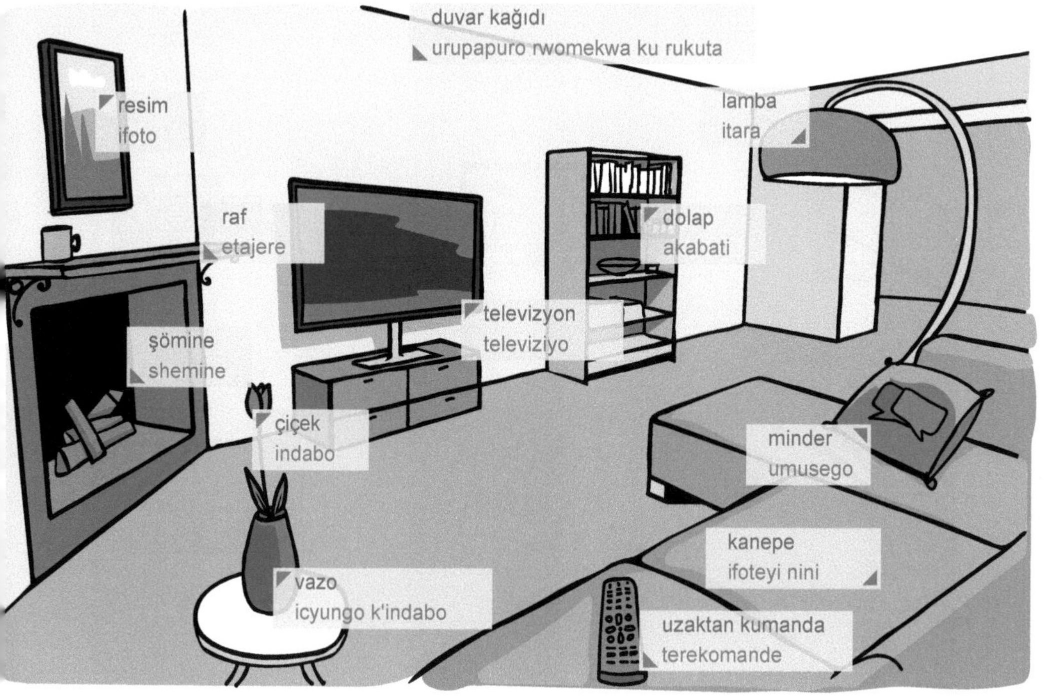

resim
ifoto

duvar kağıdı
urupapuro rwomekwa ku rukuta

lamba
itara

raf
etajere

dolap
akabati

şömine
shemine

televizyon
televiziyo

çiçek
indabo

minder
umusego

vazo
icyungo k'indabo

kanepe
ifoteyi nini

uzaktan kumanda
terekomande

| halı | perde | masa |
| itapi | rido | ameza |

| sandalye | salıncaklı koltuk | koltuk |
| intebe | intebe yizengurutsa | ifoteyi |

kitap

igitabo

battaniye

uburingiti

dekor

umutako

odun

inkwi

film

filimi

hi-fi

ibikoresho bya hifi

anahtar

urufunguzo

gazete

ikinyamakuru

tablo

ishusho

poster

icyapa

radyo

iradiyo

defter

ikarine

elektrikli süpürge

umweyo wa kizungu
ukoresha umwka

kaktüs

ikimungu

mum

buji

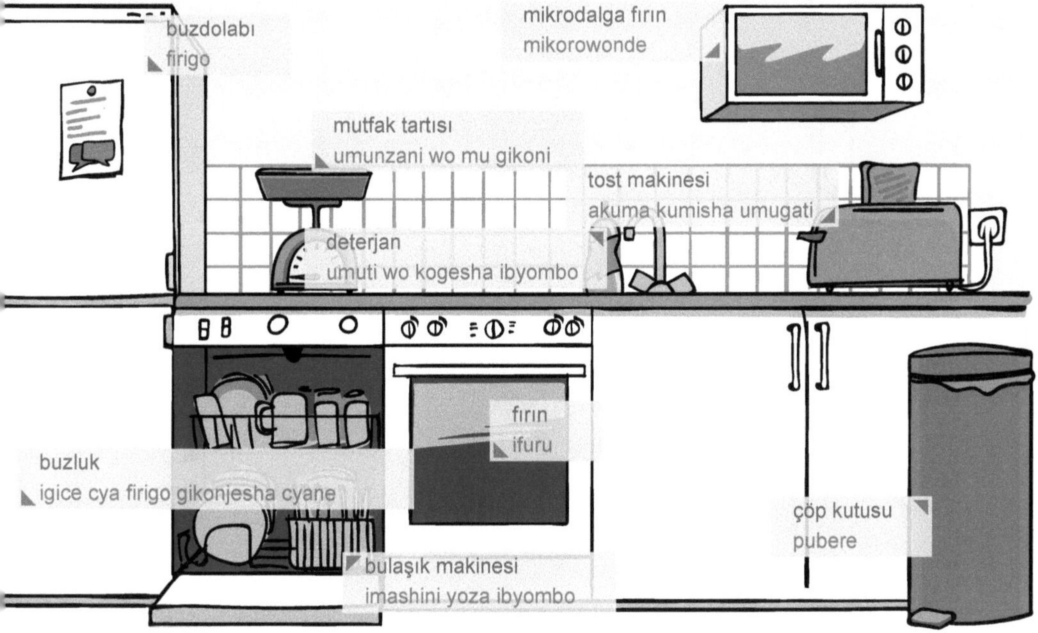

buzdolabı
firigo

mikrodalga fırın
mikorowonde

mutfak tartısı
umunzani wo mu gikoni

tost makinesi
akuma kumisha umugati

deterjan
umuti wo kogesha ibyombo

fırın
ifuru

buzluk
igice cya firigo gikonjesha cyane

çöp kutusu
pubere

bulaşık makinesi
imashini yoza ibyombo

ocak	tencere	döküm tencere
iziko	icyungo	inkono y'icyuma

wok	tava	su ısıtıcı
ipanu ifukuye cyane	ipanu	ibirika

buharlı pişirici

isafuriya ya peresiyo

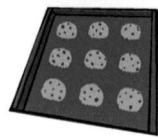

pişirme tepsisi

isahani yo mu ifuru

tabak takımı

ibyombo

kupa

igikombe

kase

isorori

çubuk (çin yemeği)

uduti abashinwa barisha

kepçe

ikiyiko kigabura

spatula

Ikiyiko cyarura ifiriti

çırpma teli

umutozo

süzgeç

paswari

elek

akayunguruzo

rende

agaharuzo ka karoti

havan

isekuru

barbekü

icyokezo

açık ateş

shomine

kesme tahtası

akabaho ko gukatiraho
imboga

merdane

umwuko

tirbüşon

urufunguzo rwa divayi

konserve kutusu

agakopo

konserve açacağı

urufunguzo rw'amakopo

fırın eldiveni

umukondo w'icyungo

evye

ravabo

fırça

uburoso

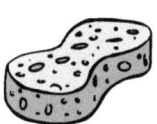

sünger

iponji

blender

mixer

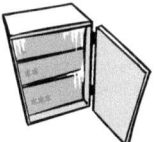

derin dondurucu

firigo itambitse

biberon

bibero

musluk

robine

mutfak - igikoni

ısıtma
umushyushya

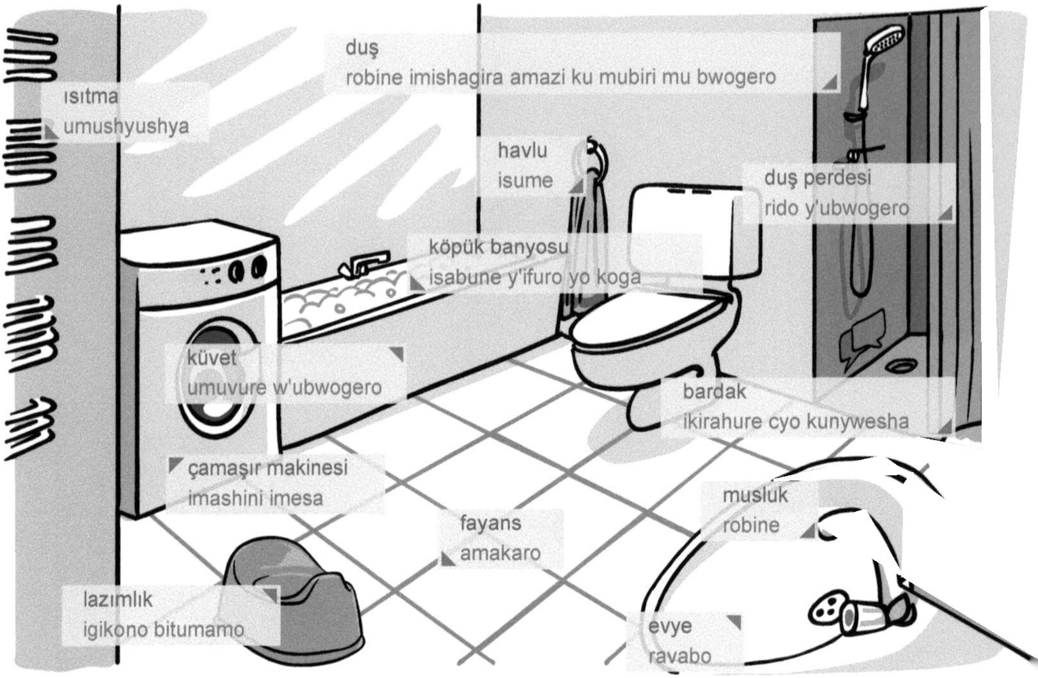

duş
robine imishagira amazi ku mubiri mu bwogero

havlu
isume

köpük banyosu
isabune y'ifuro yo koga

duş perdesi
rido y'ubwogero

küvet
umuvure w'ubwogero

bardak
ikirahure cyo kunywesha

çamaşır makinesi
imashini imesa

musluk
robine

fayans
amakaro

lazımlık
igikono bitumamo

evye
ravabo

tuvalet	alaturka tuvalet	bide
ubwiherero	umusarani wo gusutama	igikono cy'ubwiherero bwo mu nzu
pisuvar	tuvalet kağıdı	tuvalet fırçası
aho bihagarika	papiyejenike	uburoso bwo mu bwiherero

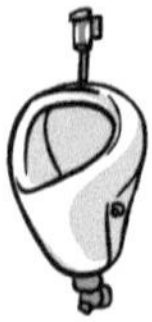

diş fırçası

uburoso bw'amenyo

diş macunu

korogati

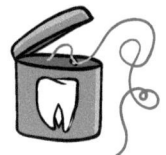

diş ipi

akagozi ko kwihaganyuza amenyo

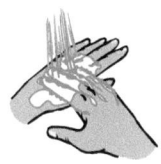

yıkamak

gukaraba

duş başlığı

akamishagira amazi ku mubiri bafata mu ntoki

duş başlığı şeklinde taharet musluğu

ubwogero bw'amazi yisuka

küvet

lavabo bakarabiramo intoki

banyo fırçası

uburoso bwo kwitsiritisha mu mugongo

sabun

isabune

duş jeli

isabune yo mu bwogero

şampuan

isabune yo kumeshesha umusatsi

banyo lifi

icyangwe cyo kwiyuhagiza

gider

kuyobora amazi yanduye

krem

ikimuri

deodorant

umubavu

ayna

ikirori cyo mu ntoki

el aynası

ikirori cyo mu ntoki

jilet

urwembe

tıraş köpüğü

ifuro ryo kurinda imiburu

tıraş losyonu

umuti ukingira imiburu

tarak

igisokozo

fırça

uburoso

saç kurutma makinesi

imashini yumisha umusatsi

saç spreyi

amarashi y'umusatsi

makyaj

igishahuro cyo kwitera

ruj

rujalevure

tırnak cilası

verini y'inzara

pamuk

ipamba

tırnak makası

agasena inzara

parfüm

umubavu

makyaj çantası

agafuka k'ibikoresho byo
mu bwogero

tabure

intebe

tartı

umunzani

bornoz

ikanzu yo kujyana mu
bwogero

lastik eldiven

udupfukantoki two
gusukuza

tampon

urubindo

kadın pedi

udupapuro two
kwihanaguza mu bwiherero

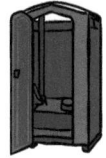

kimyevi tuvalet

ubwiherero bwimukanwa

icyumba cy'abana

çalar saat
inzogera y'isaha ikangura
peluş oyuncak
igipupe gikoze mu myenda
oyuncak araba
udukinisho tw'imodoka
çıngırak
ikinyuguri
bebek evi
inzu y'ibipupe
hediye
impano

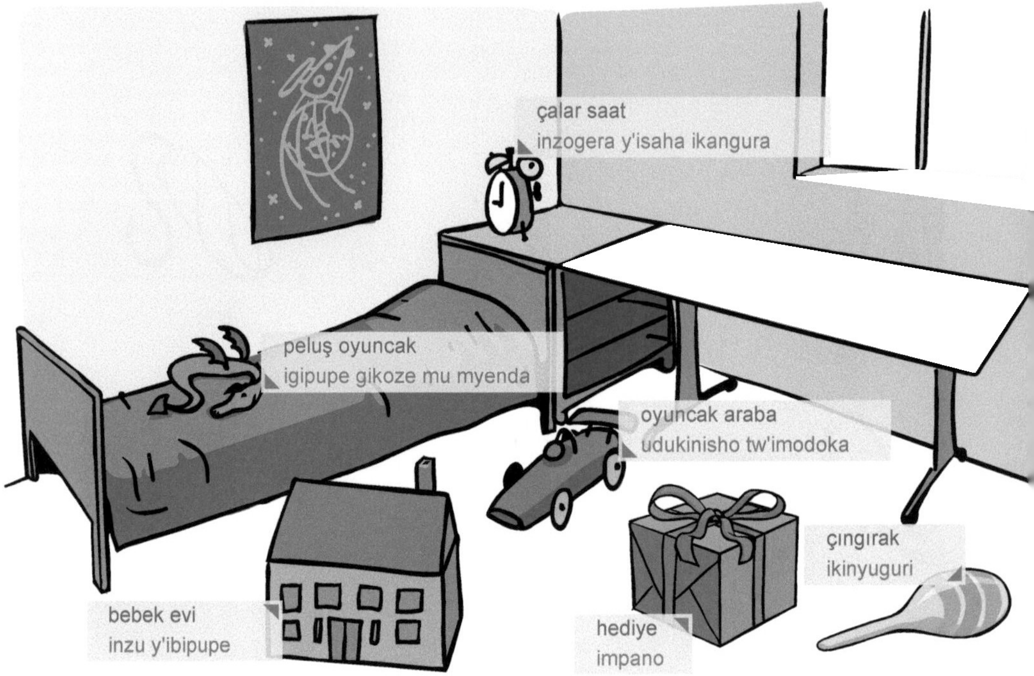

balon

ballon

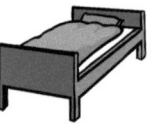

yatak

igitanda

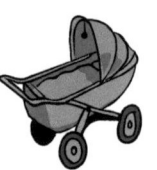

bebek arabası

agapusipusi

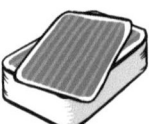

kart destesi

amakarita

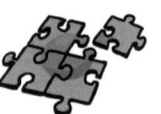

yapboz

kubaka ishusho bacagaguye

SUPER MEGA

çizgi roman

inkuru isetsa

lego tuğlaları

gucomekanya udutafari

lego blokları

udutafari tw'udukinisho

aksiyon figürü

igikinisho

zıbın

ipinjama y'uruhinja

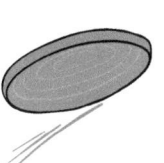

frizbi

gutera indege

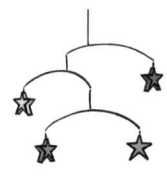

dönence

terefoni ngendanwa

masa oyunu

imikino yo kuganiriraho

zar

igisoro

model tren seti

gariyamoshi y'igikinisho

emzik

ikinyonyo

parti

umunsi mukuru

resimli kitap

arubumu

top

umupira

oyuncak bebek

agapupe

oynamak

gukina

kum havuzu

igikarito cy'umucanga

salıncak

urwicundo

oyuncaklar

ibikinisho

video oyun konsolu

agasanduku k'imikino yo
kuri videwo

üç tekerlekli bisiklet

akagare k'imipine itatu

oyuncak ayı

igipupe k'ibyoya

gardırop

akabati k'imyenda

imyambaro

çorap

amasogisi

külotlu çorap

amasogisi afatanye n'ikariso

tayt

kora

eşarp
akitero

şemsiye
umutaka

tişört
agapira ko hejuru

kemer
umukandara

bot
bote

terlik
inkweto zo kubyukan

spor ayakkabı
superese

sandalet
isandari

ayakkabı
inkweto

lastik çizme
bote za kawucu

külot
imyenda y'imbere

sütyen
isutiye

yelek
isengeri

kıyafet - imyambaro

dar bluz

body

pantolon

ipantalo

kot pantolon

ikoboyi

etek

ijipo

bluz

ishati y'abagore

gömlek

ishati

kazak

umupira w'imbeho

süveter

umupira w'ingofero

blazer

agakoti

ceket

ijaketi

mont

ikoti

yağmurluk

ikoti ry'imvura

kostüm

umwambaro w'ibikino

elbise

ikanzu

gelinlik

ikanzu y'abageni

takım elbise

kostitimu

gecelik

ikanzu yo kurarana

pijama

ipinjama

sari

umukenyero w'abahindikazi

baş örtüsü

igitambaro cyo mu mutwe

türban

urugori

burka

umwitandiro uhisha isura

kaftan

ikanzu ndende

çarşaf

igishura

mayo

imyenda yo
kwidumbaguzanya

erkek mayosu

ikariso yo
kwidumbaguzanya

şort

ikabutura

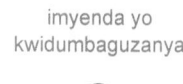

eşofman

tereningi

önlük

itaburiya

eldiven

udupfukantoki

düğme

igipesu

gözlük

amadarubindi

bilezik

igikomo

kolye

umukufi

yüzük

impeta

küpe

iherena

kep

ingofero

portmanto

porutemanto

şapka

ingofero

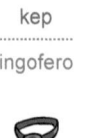

kravat

karuvati

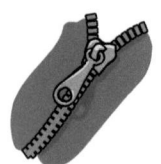

fermuar

imashini yo ku mwenda

kask

kasike

pantolon askısı

amaburuteri

okul forması

umwambaro w'ishuri

üniforma

impuzankano

mama önlüğü
agakingirankonda

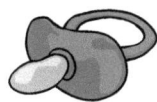

emzik
ikinyonyo

bebek bezi
amaranje

ibiro

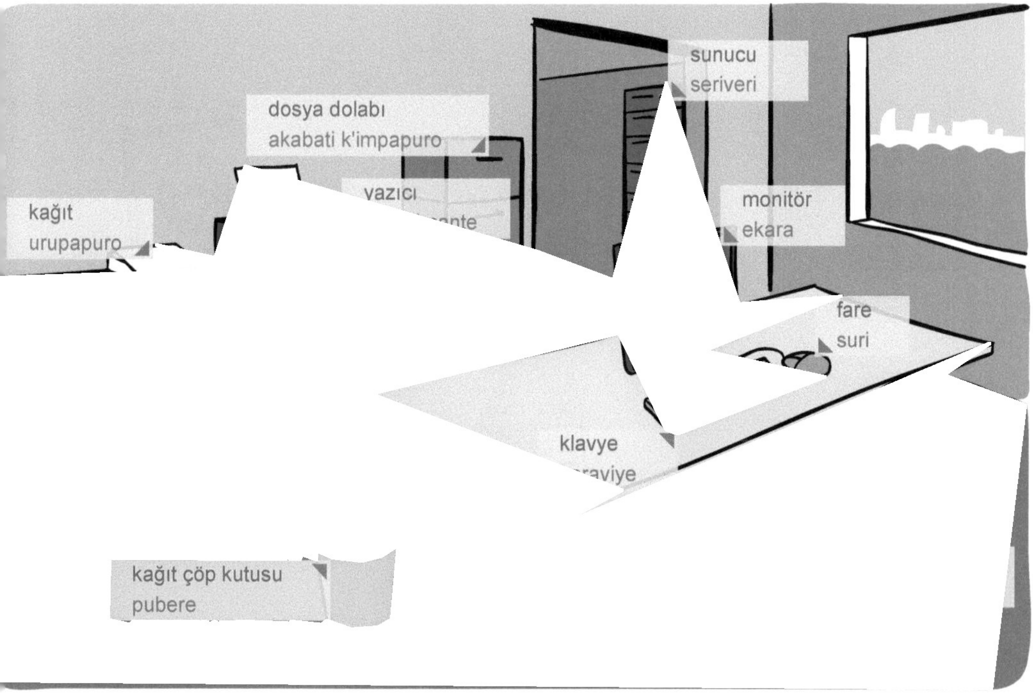

sunucu
seriveri

dosya dolabı
akabati k'impapuro

vazıcı

kağıt
urupapuro

monitör
ekara

fare
suri

klavye
raviye

kağıt çöp kutusu
pubere

kahve fincanı
igikombe k'ikawa

hesap makinesi
akabarisho

internet
enterineti

dizüstü

laputopu

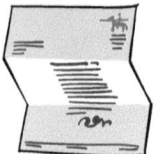

mektup

ibaruwa

mesaj

ubutumwa

cep telefonu

ngendanwa

ağ

netiwake

fotokopi makinesi

fotokopiyeze

yazılım

porogaramu

telefon

telefoni

priz

purize

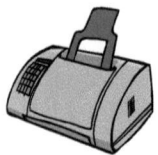

faks makinesi

imashini yohereza fagisi

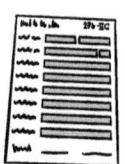

form

fomu

belge

inyandiko

satın almak
kugura

ödemek
kwishyura

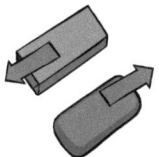

ticaret yapmak
gucuruza

para
amafaranga

 USD

dolar
idorari

 EUR

avro
iyero

 JPY

yen
iyeni

 RUB

ruble
irubure

 CHF

İsviçre frangı
ifaranga ry'irisuwisi

 CNY

Çin yuanı
iriyuwani

 INR

rupi
irupi

kasa
icyuma cya banki
babikurizaho

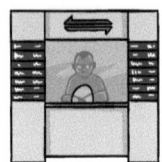

döviz bürosu

ku muvunjayi

altın

zahabu

gümüş

feza

petrol

peteroli

enerji

ingufu z'amashanyarazi

fiyat

igiciro

kontrat

kontaro

vergi

tagisi

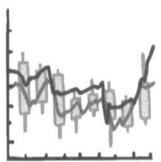

menkul değer

isoko ryo kugura no kugurisha

çalışmak

gukora

işveren

umukozi

işçi

umukoresha

fabrika

uruganda

mağaza

iduka

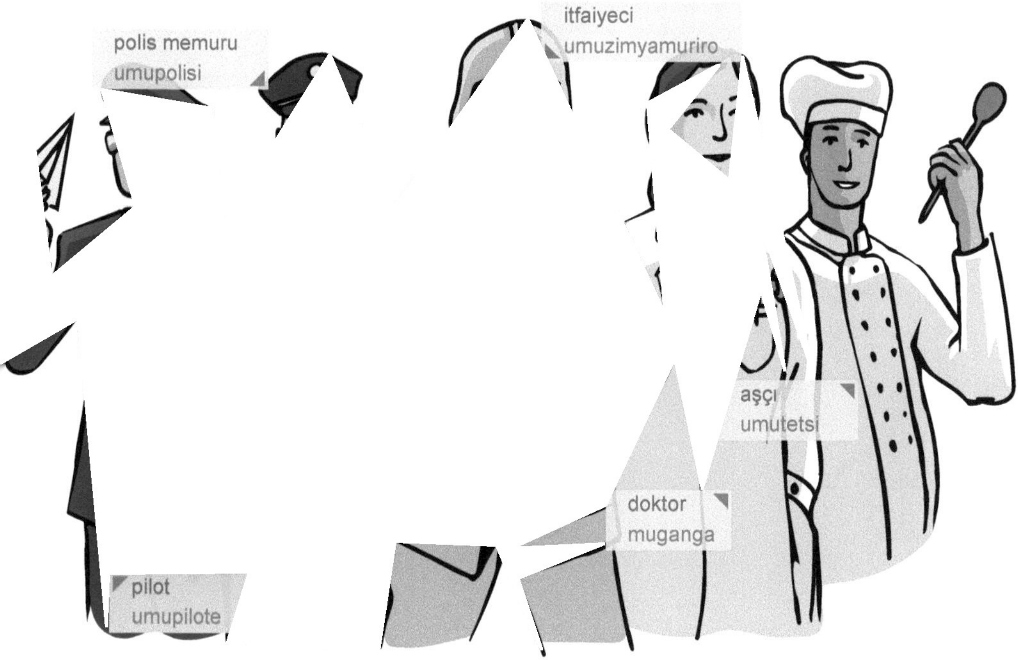

polis memuru
umupolisi

itfaiyeci
umuzimyamuriro

aşçı
umutetsi

doktor
muganga

pilot
umupilote

bahçıvan
umujaridiniye

marangoz
umubaji

terzi
umudozi

hakim
umucamanza

kimyager
umunyabutabire

aktör
umukinnyi wa filimi

otobüs şoförü

umushoferi wa bisi

taksi şoförü

umushoferi wa tagisi

balıkçı

umurobyi

temizlikçi

umugore ushinzwe gukora isuku

çatı ustası

umufundi usakara

garson

umuseriveri

avcı

umuhigi

boyacı

umuntu usiga irangi

fırıncı

Umuntu ukora imigati

elektrikçi

Umuntu ukora mu mashanyarazi

inşaatçı

umufundi

mühendis

injenyeri

kasap

umubazi

muslukçu

umutnu ukora mu mazi

postacı

umuparanto

asker

umusirikare

mimar

umwubatsi

kasiyer

umubitsi

çiçekçi

umuntu ukora mu by'indabo

kuaför

kimyozi

kondüktör

komvuwayeri

tamirci

umukanishi

kaptan

kapiteni

dişçi

muganga w'amenyo

bilim insanı

umuhanga muri siyansi

haham

rabi

imam

imamu

keşiş

umumwane

rahip

umuyobozi w'idini

ibikoresho

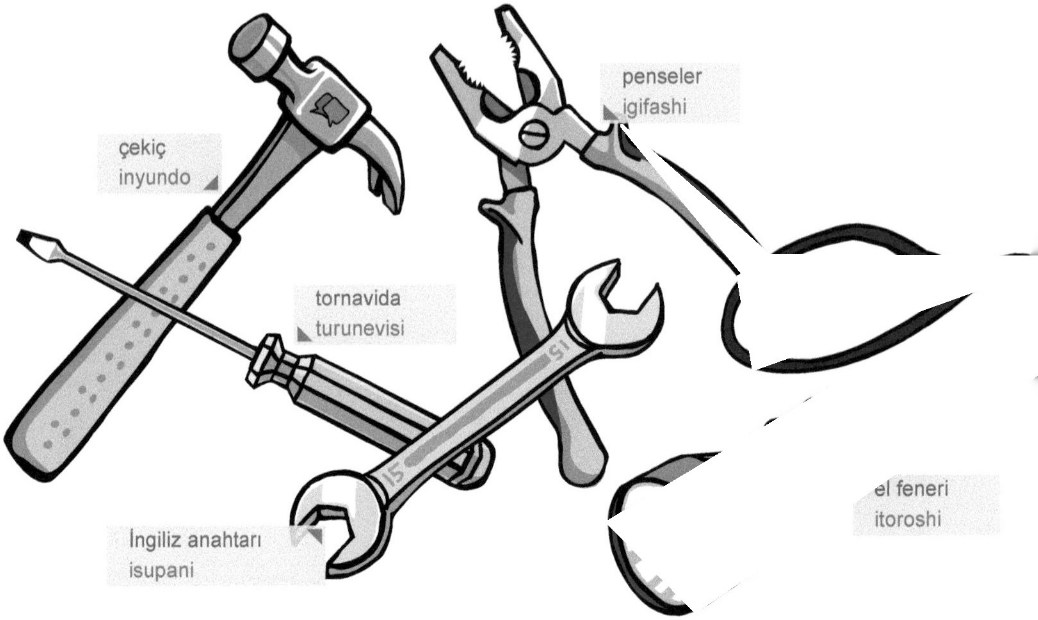

çekiç
inyundo
penseler
igifashi
tornavida
turunevisi
İngiliz anahtarı
isupani
el feneri
itoroshi

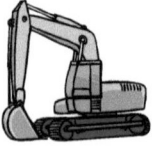

kazı makinesi

ipiki

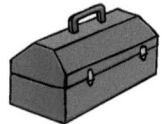

alet çantası

isanduku y'ibikoresho

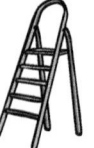

merdiven

urwego

testere

urukero

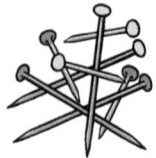

çiviler

imisumari

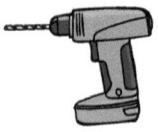

matkap

itindo

tamir etmek

gusana

kürek

igitiyo

Kahretsin!

wo gacwa we

faraş

igitiyo

boya tenekesi

igikombe k'irangi

vidalar

amavisi

ibyuma by'umuziki

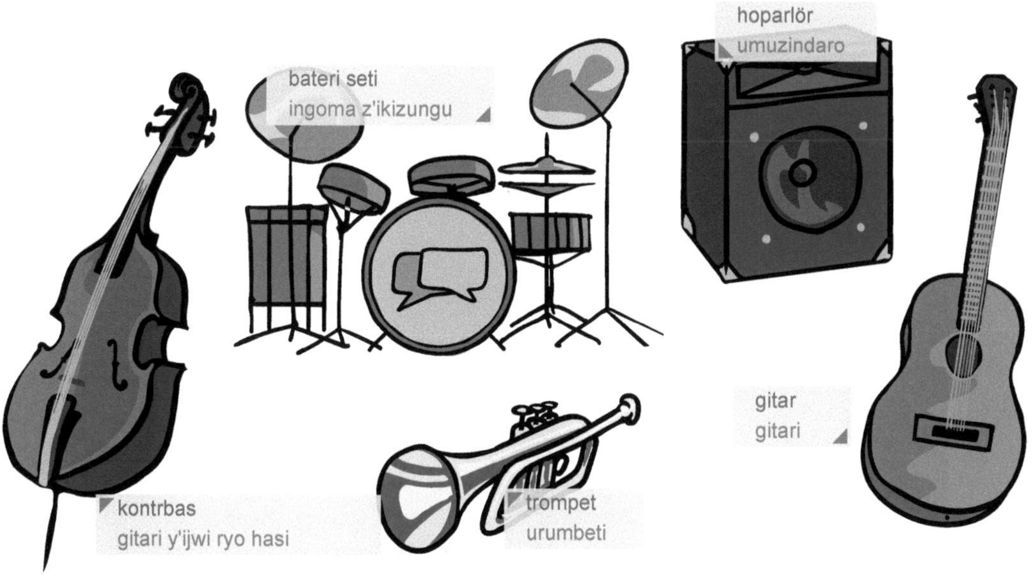

bateri seti
ingoma z'ikizungu

hoparlör
umuzindaro

gitar
gitari

kontrbas
gitari y'ijwi ryo hasi

trompet
urumbeti

piyano

piyano

keman

iningiri

basgitar

gitari idunda

timpani

sembare

bateri

ingoma

klavye

inanga ya kizungu

saksafon

sagisofone

flüt

umwirongi

mikrofon

indangururamajwi

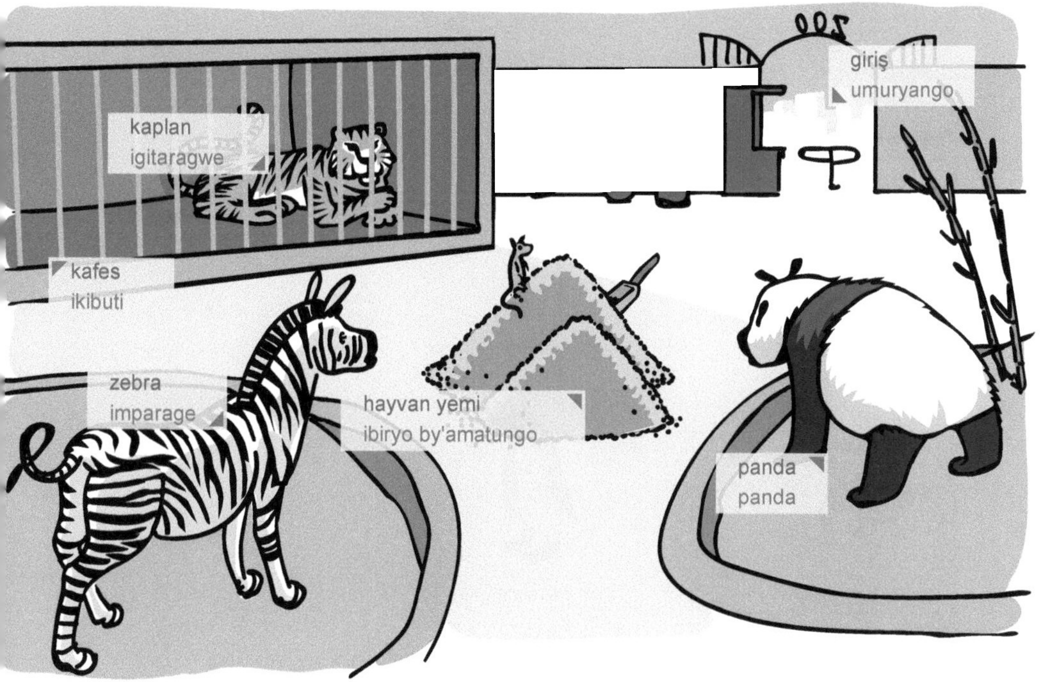

kaplan
igitaragwe

kafes
ikibuti

zebra
imparage

giriş
umuryango

hayvan yemi
ibiryo by'amatungo

panda
panda

hayvanlar

inyamaswa

fil

inzovu

kanguru

kanguru

gergedan

inkura

goril

ingagi

ayı

idubu

deve

ingamiya

deve kuşu

imbuni

aslan

intare

maymun

inguge

flamingo

uruyongoyongo

papağan

gasuku

kutup ayısı

idubu yo mu bukonie

penguen

inyoni yo ku mazi

köpek balığı

igifi kinini

tavus kuşu

inyoni y'amasunzu

yılan

inzoka

timsah

ingona

hayvanat bahçesi görevlisi

umurinzi

fok

umuhuri

jaguar

ingwe

midilli atı

icyana k'ifarasi

leopar

ingwe

su aygırı

imvubu

zürafa

umusumbarembo

kartal

inkona

yaban domuzu

isatura

balık

ifi

kaplumbağa

akanyamasyo

mors

igifi k'imikaka

tilki

umuhari

ceylan

isha

amerikan futbolu
Futuboro y'abanyamerika

bisiklete binme
gusiganwa ku magare

tenis
tenisi

basketbol
Basiketi

yüzme
umukino wo koga

boks
umukino w'amakofe

buz hokeyi
Hoke yo ku rubura

futbol
umupira w'amaguru

badminton
umukino wa badminton

atletizm
abakina imikino
ngororamubiri

hentbol
handibolo

kayak
guserereka kuri neje

polo
polo

gülmek
guseka

atlamak
gusimbuka

sarılmak
guhobera

yürümek
kugenda

söylemek
kuririmba

hayal etmek
kurota

dua etmek
gusenga

öpmek
gusomana

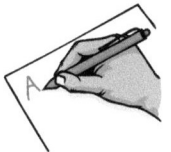

yazmak

kwandika

çizmek

gushushanya

göstermek

kwerekana

itmek

gusunika

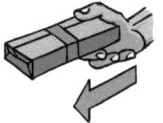

vermek

gutanga

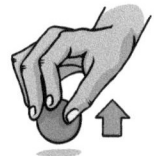

almak

gufata

sahip olmak

kugira

yapmak

gukora

olmak

kuba

ayakta durmak

guhaguruka

koşmak

kwiruka

çekmek

gukurura

atmak

kujugunya

düşmek

kugwa

yalan söylemek

kuryama

beklemek

gutegereza

taşımak

kwikorera

oturmak

kwicara

giyinmek

kwambara

uyumak

gusinzira

uyanmak

gukanguka

bakmak

kureba

ağlamak

kurira

vurmak

kwagaza

taramak

gusokoza

konuşmak

kuvuga

anlamak

gusobanukirwa

sormak

kubaza

dinlemek

kumva

içmek

kunywa

yemek

kurya

düzenlemek

gushyira ku murongo

sevmek

gukunda

pişirmek

guteka

sürmek

gutwara imodoka

uçmak

kuguruka

denize açılmak

kugashya

hesapla

kubara

okumak

gusoma

öğrenmek

kwiga

çalışmak

gukora

evlenmek

kurongora

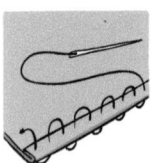

dikmek

kudoda

diş fırçalamak

uburoso bw'amenyo

öldürmek

kwica

sigara içmek

kunywa itabi

yollamak

kohereza

büyükanne
nyogokuru

büyükbaba
sogokuru

baba
papa

anne
mama

bebek
uruhinja

kız
umwana w'umukobwa

oğul
umwana w'umuhungu

misafir
umushyitsi

teyze
masenge

amca
marume

erkek kardeş
musaza wange

kız kardeş
mushiki wange

alın
agahanga k'imbere

göz
ijisho

omuz
urutugu

parmak
urutoki

yüz
isura

çene
akananwa

el
ikiganza

göğüs
ibere

bacak
ukuguru

kol
ukuboko

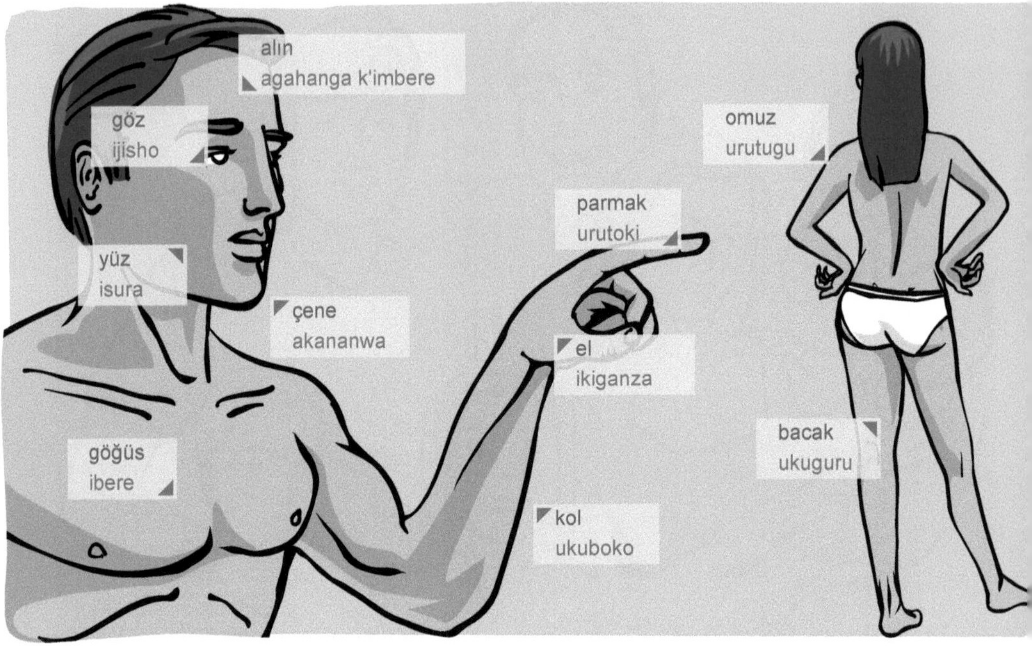

bebek
uruhinja

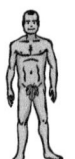

adam
umugabo

kadın
umugore

kız
umukobwa

erkek çocuk
umuhungu

baş
umutwe

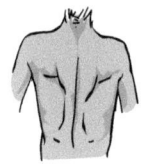

sırt
umugongo

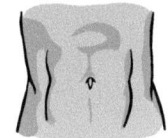

karın
inda

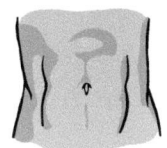

göbek
umukondo

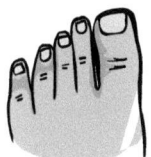

ayak parmağı
ino

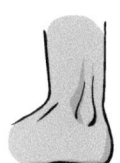

topuk
agatsinsino

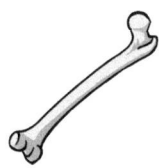

kemik
igufa

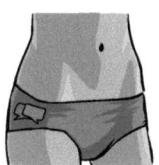

kalça
amayunguyungu

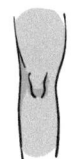

diz
ivi

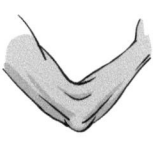

dirsek
inkokora

burun
izuru

kalça
ikibuno

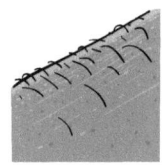

deri
uruhu

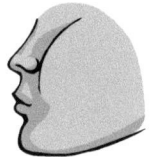

yanak
itama

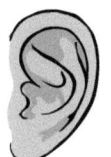

kulak
ugutwi

dudak
umunwa

ağız

mu munwa

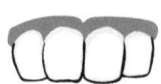

diş

iryinyo

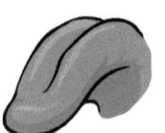

dil

ururimi

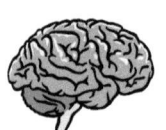

beyin

ubwonko

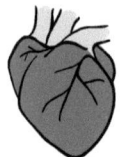

kalp

umutima

kas

umutsi

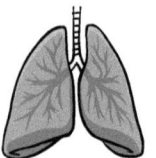

akciğer

ibihaha

karaciğer

umwijima

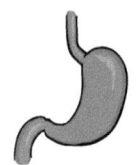

mide

igifu

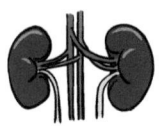

böbrekler

impyiko

seks

igitsina

prezervatif

agakingirizo

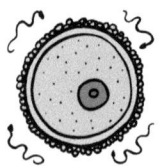

yumurtalık

intanga

sperm

amasohoro

hamilelik

gusama inda

vücut - umubiri

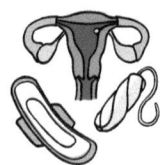

regl

imihango

vajina

igituba

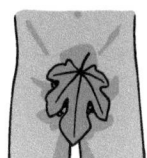

penis

imboro

kaş

ibitsike

saç

umusatsi

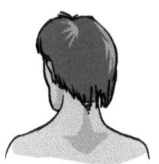

boyun

ijosi

hastane
ibitaro

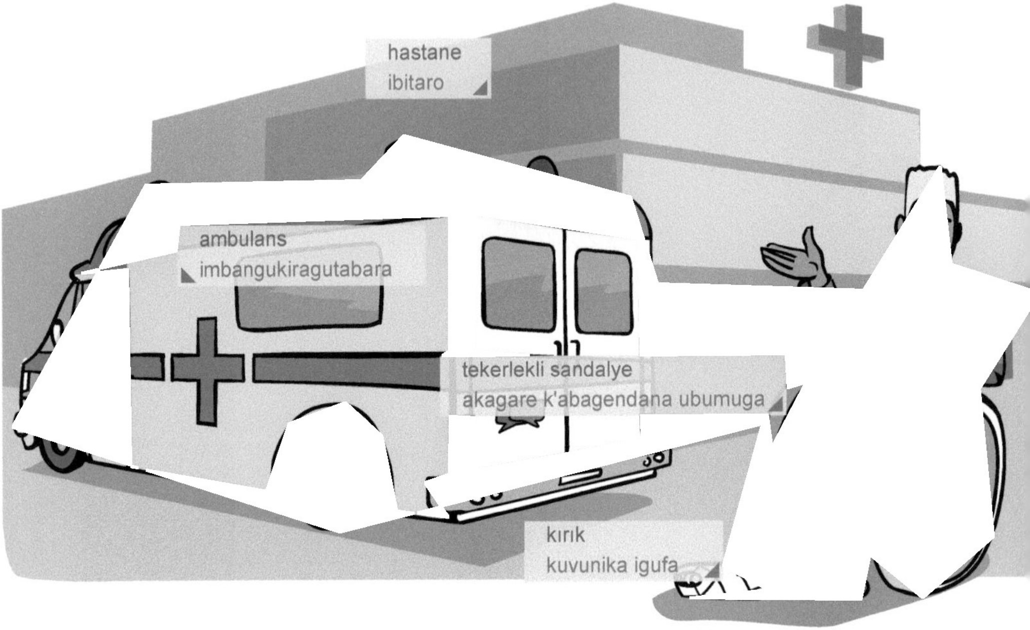

ambulans
imbangukiragutabara

tekerlekli sandalye
akagare k'abagendana ubumuga

kırık
kuvunika igufa

doktor
....
muganga

acil servis
....
icyumba k'indembe

hemşire
....
umuforomo kazi

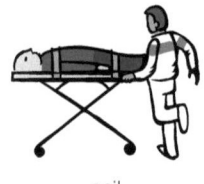

acil
....
mu ndembe

baygın
....
guta ubwenge

acı
....
ububabare

yaralanma

igikomere

kanama

kuva amaraso

kalp krizi

gufatwa n'umutima

felç

kuziba k'udutsi two mu bwonko

alerji

kwivumbura k'umubiri

öksürük

inkorora

ateş

umuriro

grip

ibicurane

ishal

impiswi

baş ağrısı

kurwara umutwe

kanser

kanseri

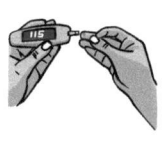
şeker hastalığı

diyabete

cerrah

muganga ubaga

neşter

icyuma kibaga umurwayi

operasyon

kubagwa

bilgisayarlı tomografi

ifoto yo mu cyuma

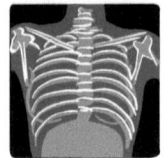

röntgen

radiyo

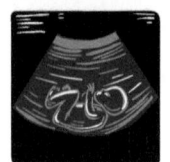

ultrason

isuzuma rikoresha amajwi

yüz maskesi

agapfukamunwa

hastalık

indwara

bekleme odası

icyumba bategererezamo

koltuk değneği

imbago yo kwicumba

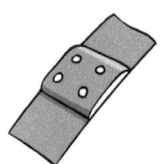

yara bandı

pasema

bandaj

igipfuko

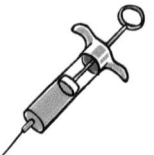

enjeksiyon

urushinge

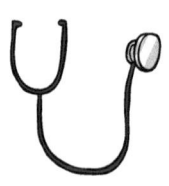

steteskop

igipimo cy'umutima

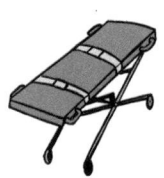

sedye

burankari

tıbbi termometre

igipimo cy'umuriro

doğum

ivuka

fazla kilo

umubyibuho ukabije

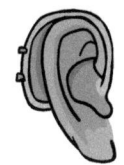

işitme cihazı
inyunganirangingo y'amatwi

dezenfektan
umuti wica mikorobe

enfeksiyon
ubwandu

virüs
virusi

HIV / AIDS
Virusi itera sida / Sida

ilaç
ubuganga

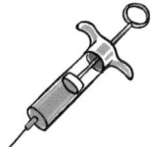

aşı
gukingira

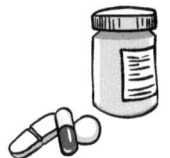

tablet
ibinini

hap
ikinini

acil çağrı
guhamagara byihutirwa

tansiyon aleti
igenzura ry'umuvuduko
w'amaraso

hasta / sağlıklı
urwaye / ufite amagara
meza

İmdat!
....
Ntabara!

alarm
....
inzogera itabaza

darp
....
gusagarira

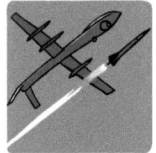

saldırı
....
igitero

tehlike
....
icyateza amakuba

acil çıkış
....
umuryango unyuramo ukiza
amagara

Yangın!
....
Inkongi!

yangın tüpü
....
ikizimyamuriro

kaza
....
impanuka

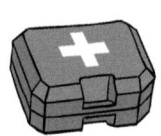

ilk yardım çantası
....
ibikoresho by'ubutabazi
bw'ibanze

imdat
....
induru itabaza

polis
....
polisi

Avrupa

Uburayi

Kuzey Amerika

Amerika y'Amajyaruguru

Güney amerika

Amerika y'Amagepfo

Afrika

Afurika

Asya

Aziya

Avustralya

Ositarariya

Atlantik

Atalantika

Pasifik

Oasifika

Hint Okyanusu

Inyanja y'Abahinde

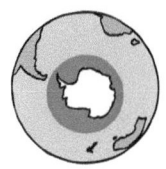

Antarktika Okyanusu

Inyanja y'Antagitika

Arktik Okyanusu

Inyanja y'Arigitika

Kuzey Kutbu

Amajyaruguru y'Isi

Güney Kutbu

Amagepfo y'Isi

Antarktika

Antaragitika

dünya

Isi

kara

ubutaka

deniz

ikiyaga

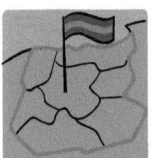

ada

ikirwa

ulus

igihugu

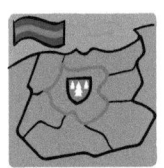

ülke

leta

kadran

kadere y'isaha

akrep

urushinge rw'amasaha

yelkovan

urushinge rw'iminota

saniye ibresi

urushinge rw'amasegonda

Saat kaç?

ni isaha ki?

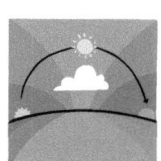

gün

umunsi

zaman

igihe

şimdi

nonaha

dijital saat

isaha y'imibare

dakika

iminota

saat

amasaha

icyumweru

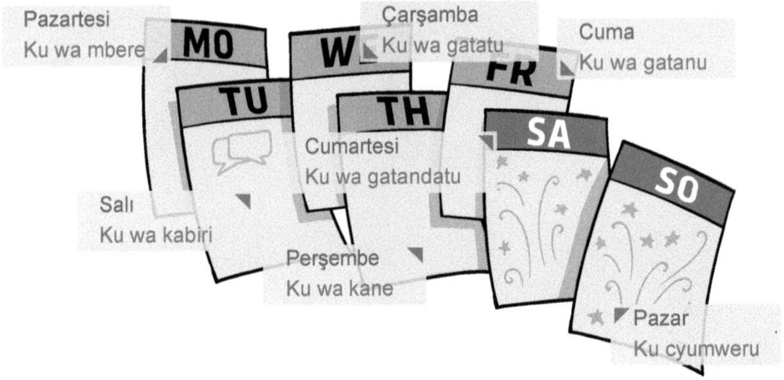
MO
TU
W
TH
FR
SA
SO
Pazartesi
Ku wa mbere
Salı
Ku wa kabiri
Çarşamba
Ku wa gatatu
Perşembe
Ku wa kane
Cuma
Ku wa gatanu
Cumartesi
Ku wa gatandatu
Pazar
Ku cyumweru

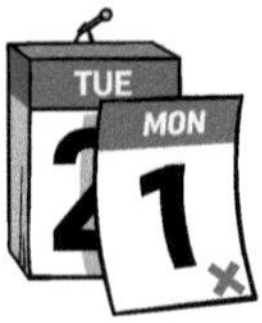
TUE
MON
1

dün

ejo hashize

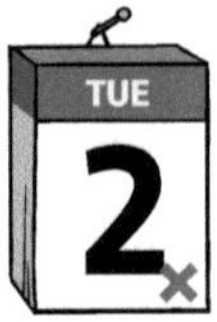
TUE
2

bugün

none

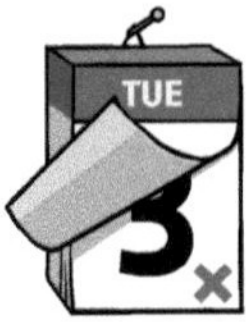
TUE
3

yarın

ejo hazaza

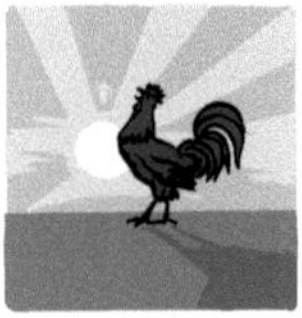

sabah

igitondo

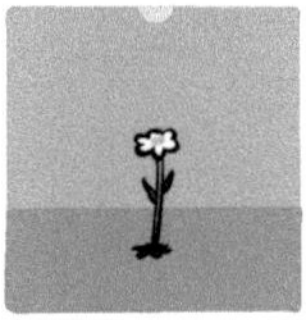

öğle

saa sita

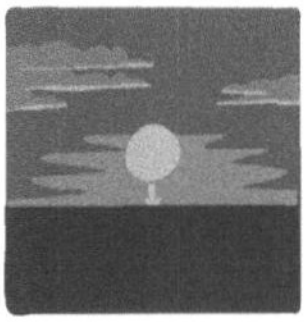

akşam

ku mugoroba

MO TU WE TH FR SA SU

iş günleri

iminsi y'akazi

MO TU WE TH FR SA SU

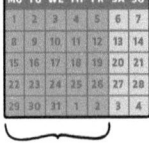

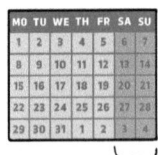

hafta sonu

wikendi

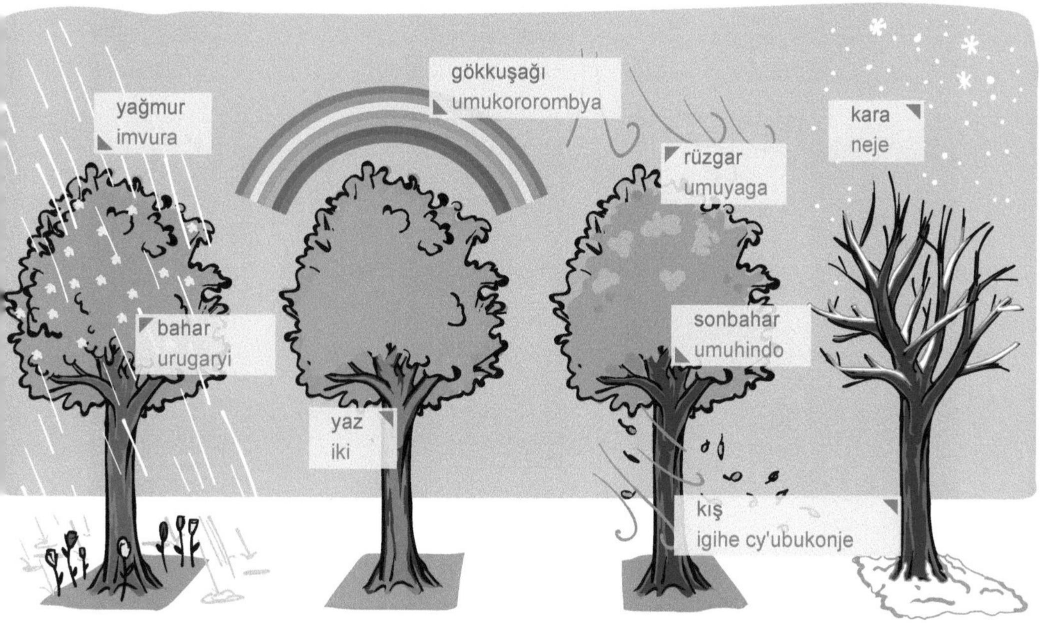

gökkuşağı
umukororombya
yağmur
imvura
kara
neje
rüzgar
umuyaga
bahar
urugaryi
sonbahar
umuhindo
yaz
iki
kış
igihe cy'ubukonje

4.APRIL 11°
5.APRIL 4°
6.APRIL 13°
7.APRIL 8°
8.APRIL 10°

hava durumu tahmini

iteganyagihe

F C
120 40
90 30
60 20
30 10
0 0
-30 -10
-20

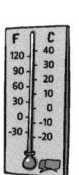

termometre

igipimo cy'ubushyuhe

güneş ışığı

izuba rirashe

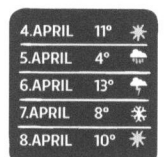

bulut

ibicu

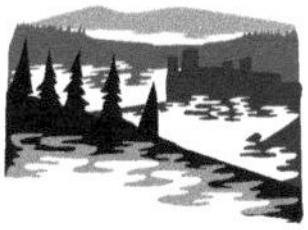

sis

ibihu

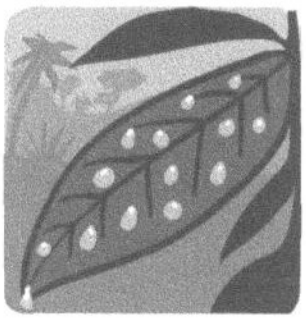

nem

ububobere

şimşek

umurabyo

gök gürültüsü

inkuba

fırtına

umuhengeri

dolu

urubura

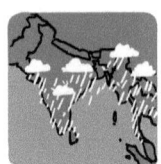

muson

imiyaga ihuha iturutse mu nyanja

sel

umwuzure

buz

barafu

Ocak

Mutarama

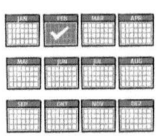

Şubat

Gshyantare

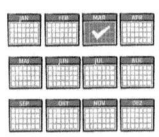

Mart

Werurwe

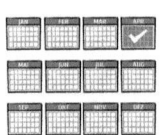

Nisan

Mata

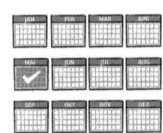

Mayıs

Gicurasi

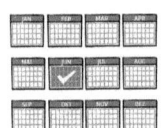

Haziran

Kamena

Temmuz

Nyakanga

Ağustos

Kanama

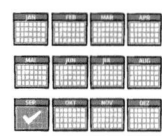

Eylül
....
Nzeri

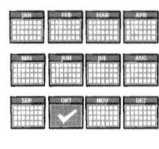

Ekim
....
Ukwakira

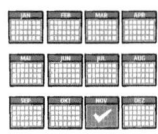

Kasım
....
Ugushyingo

Aralık
....
Ukuboza

amaforoma

daire
....
uruziga

kare
....
mpandenye

dikdörtgen
....
urukiramende

üçgen
....
mpandeshatu

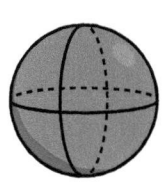

küre
....
umubumbe

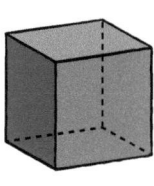

küp
....
kibe

beyaz
umweru

sarı
umuhondo

turuncu
oranje

pembe
iroza

kırmızı
umutuku

mor
isine

mavi
ubururu

yeşil
icyatsi kibisi

kahverengi
igihogo

gri
ikigina

siyah
umukara

çok / az

byinshi / bike

kızgın / sakin

urakaye / utuje

güzel / çirkin

mwiza / mubi

başlangıç / son

intangiriro / impera

büyük / küçük

kinini / gito

parlak / karanlık

gikeye / kijimye

erkek kardeş / kız kardeş

musaza / mushiki

temiz / kirli

gisukuye / cyanduye

tamam / eksik

kirangiye / kitarangiye

gün / gece

umunsi / ijoro

ölü / canlı

wapfuye / muzima

geniş / dar

hagari / hafunganye

yenilebilir / yenilemez

kiribwa / kitaribwa

kötü / iyi

umugome / ugwa neza

heyecanlı / sıkılmış

ushishikaye / warambiwe

şişman / zayıf

ubyibushye / unanutse

ilk / son

mbere / nyuma

dost / düşman

inshuti / umwanzi

dolu / boş

cyuzuye / kirimo ubusa

sert / yumuşak

gikomeye / cyoroshye

ağır / hafif

kiremeye / kitaremereye

açlık / susuzluk

inzara / inyota

hasta / sağlıklı

urwaye / ufite amagara
meza

yasa dışı / yasal

kemewe n'amategeko /
kibujijwe n'amategeko

zeki / aptal

umunyabwenge / igicucu

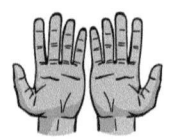

sol / sağ

iburyo / ibumoso

yakın / uzak

hafi / kure

yeni / kullanılmış

gishya / cyakoze

hiçbir şey / bir şey

nta kintu gihari / hari ikintu gihari

yaşlı / genç

ushaje / muto

açma / kapama

atsa / zimya

açık / kapalı

gifunguye / gifunze

sessiz / gürültülü

ucecetse / usakuza

zengin / fakir

ukize / ukennye

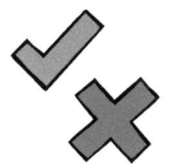

doğru / yanlış

ni byo / si byo

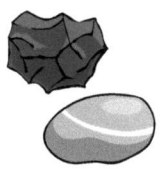

pürüzlü / düz

hahanda / hahehereye

üzgün / mutlu

urakaye / wishimye

kısa / uzun

mugufi / muremure

yavaş / hızlı

urandaga / wihuta

ıslak / kuru

utose / wumye

sıcak / serin

ashyushye / ahoze

savaş / barış

intambara / amahoro

zıt anlamlılar - ibinyuranye   87

0

sıfır

zeru

1

bir

rimwe

2

iki

kabiri

3

üç

gatatu

4

dört

kane

5

beş

gatanu

6

altı

gatandatu

7

yedi

karindwi

8

sekiz

umunani

9

dokuz

icyenda

10

on

icumi

11

on bir

cumi na rimwe

12

on iki

cumi na kabiri

13

on üç

cumi na gatatu

14

on dört

cumi na kane

15

on beş

cumi na gatanu

16

on altı

cumi na gatandatu

17

on yedi

cumi na karindwi

18

on sekiz

cumi n'umunani

19

on dokuz

cumi n'icyenda

20

yirmi

makumyabiri

100

yüz

ijana

1.000

bin

igihumbi

1.000.000

milyon

miliyoni

İngilizce

Icyongereza

Amerikan İngilizcesi

Icyongereza
cy'Abanyamerika

Çince (Mandarin)

Igishinwa k'ikimandarini

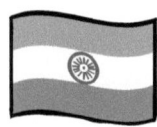

Hintçe

Igihindi

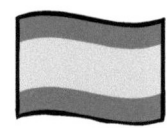

İspanyolca

Ikesipanyoro

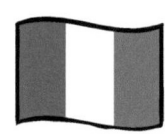

Fransızca

Igifaransa

Arapça

Icyarabu

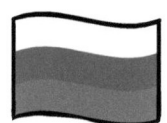

Rusça

Ikirusiya

Portekizce

Igiporutigari

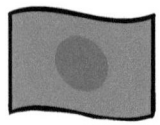

Bengalce

Ikibengari

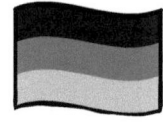

Almanca

Ikidage

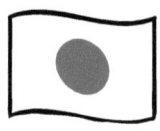

Japonca

Ikiyapani

ben
ge

sen
wowe

o
we / we / we

biz
twe

siz
mwe

onlar
bo

kim?
nde?

ne?
iki?

nasıl?
gute?

nerede?
hehe?

ne zaman?
ryari?

isim
izina

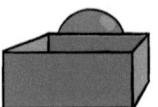

arkasında
....
inyuma

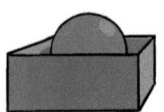

içinde
....
mo imbere

önünde
....
imbere ya

üzerinde
....
hejuru ya

üstünde
....
kuri

altında
....
munsi ya

yanında
....
iruhande

arasında
....
hagati

yer
....
ahantu